# Aprende sobre los tiburones

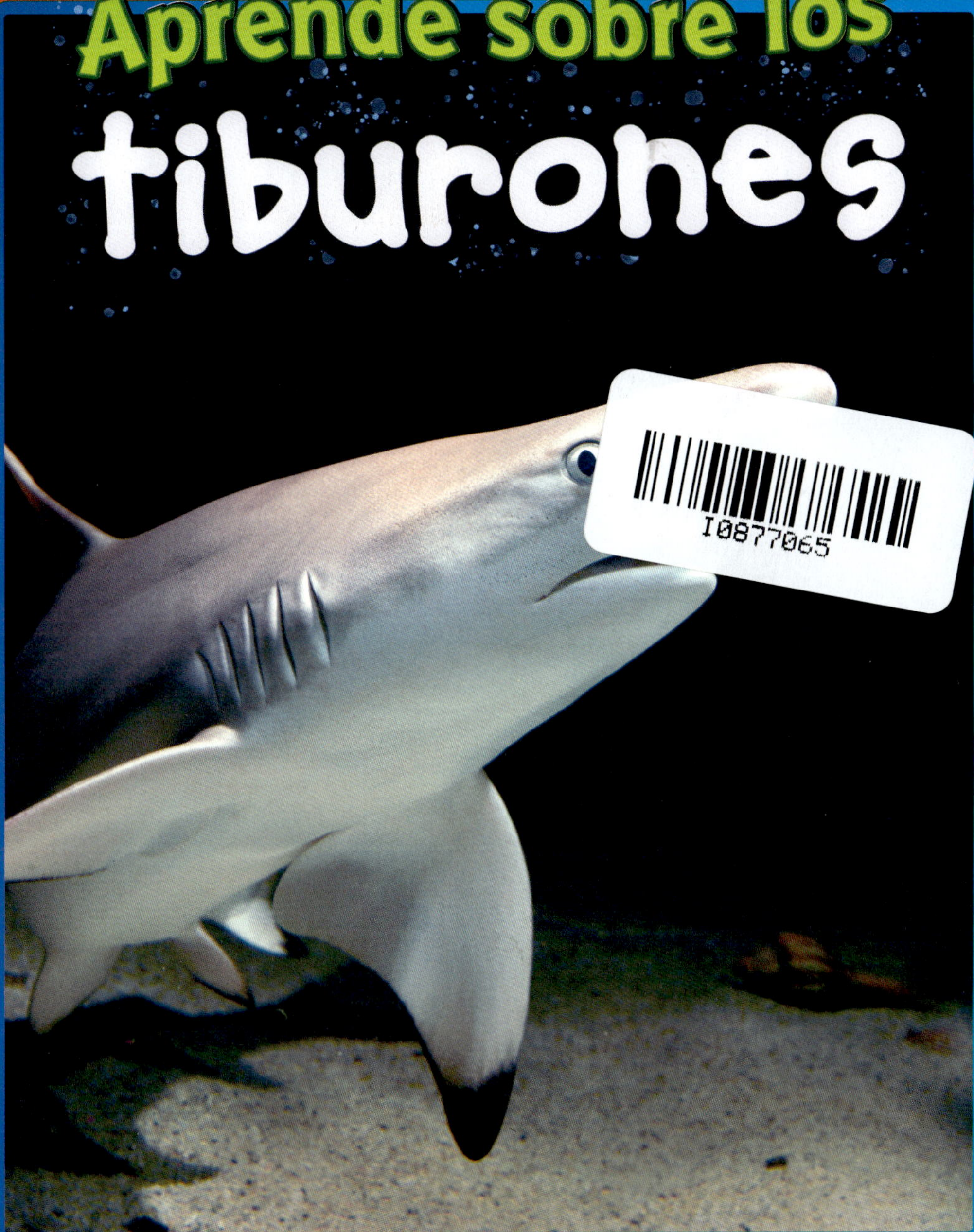



Joseph Otterman

Smithsonian

Los tiburones son peces grandes. Tienen dientes grandes.

Los tiburones son buenos nadadores. También tienen buen olfato.

Los tiburones necesitan mucha agua. Nadan sin parar.

Los tiburones necesitan mucho espacio. Cazan sin parar.

Los tiburones necesitan mucho alimento. Comen sin parar.

Podemos aprender sobre los tiburones. Los podemos observar.

Podemos aprender más sobre los tiburones. Los podemos rastrear.

un rastreador
335

¡Podemos filmar a los tiburones en el agua!

# DESAFÍO DE CTIAM

## El problema

Quieres estudiar a un animal. ¿Cómo lo puedes observar sin que te vea?

## Los objetivos

- Haz una barrera para observar al animal.
- El animal no debe verte.

## 1 Investiga y piensa ideas

Aprende sobre los tiburones.

## 2 Diseña y construye

Dibuja tu plan. ¡Construye tu barrera!

## 3 Prueba y mejora

Usa la barrera para observar un animal. Luego, trata de mejorarla.

## 4 Reflexiona y comparte

¿Qué aprendiste?

## Asesoras

**Amy Zoque**
Coordinadora y asesora didáctica de CTIM
Escuela Vineyard de CTIM
Distrito Ontario Montclair

**Siobhan Simmons**
Escuela primaria Marblehead
Distrito Escolar Unificado Capistrano

### Créditos de publicación


Rachelle Cracchiolo, M.S.Ed., *Editora comercial*
Conni Medina, M.A.Ed., *Redactora jefa*
Diana Kenney, M.A.Ed., NBCT, *Realizadora de la serie*
Emily R. Smith, M.A.Ed., *Directora de contenido*
Véronique Bos, *Directora creativa*
Robin Erickson, *Directora de arte*
Stephanie Bernard, *Editora asociada*
Caroline Gasca, M.S.Ed., *Editora superior*
Mindy Duits, *Diseñadora gráfica superior*
Walter Mladina, *Investigador de fotografía*
Smithsonian Science Education Center

**Créditos de imágenes:** pág.15 Pete Oxford/Minden Pictures/Getty Images; pág.17 Jeff Rotman/Science Source; todas las demás imágenes cortesía de iStock y/o Shutterstock.

**Library of Congress Cataloging-in-Publication Data**

Names: Otterman, Joseph, 1964- author.
Title: Aprende sobre los tiburones / Joseph Otterman, Smithsonian Institution.
Other titles: Learning about sharks. Spanish
Description: Huntington Beach, CA : Teacher Created Materials, [2020] | Audience: Grades K-1
Identifiers: LCCN 2019041235 (print) | LCCN 2019041236 (ebook) | ISBN 9780743925389 (paperback) | ISBN 9780743925532 (ebook)
Subjects: LCSH: Sharks--Juvenile literature.
Classification: LCC QL638.9 .O8818 2020 (print) | LCC QL638.9 (ebook) | DDC 597.3--dc23

Smithsonian




**Teacher Created Materials**

5301 Oceanus Drive
Huntington Beach, CA 92649-1030
www.tcmpub.com

**ISBN 978-0-7439-2538-9**



Printed by: 51497
Printed in: China